1.ª edición: mayo 2020

© Del texto y las ilustraciones: Lucía Serrano, 2020
© Grupo Anaya, S. A., 2020
Juan Ignacio Luca de Tena, 15. 28027 Madrid
www.anayainfantilyjuvenil.com
e-mail: anayainfantilyjuvenil@anaya.es

ISBN: 978-84-698-6577-4
Depósito legal: M-6351-2020
Impreso en España - Printed in Spain

PAPEL DE FIBRA
CERTIFICADO

MISIÓN PLANETA

Basura y más basura

Lucía Serrano

ANAYA

¿Te has preguntado alguna vez qué pasaría
si nadie se llevara la basura?

Viviríamos muy incómodos.

Hay basura que es fácil de reutilizar.

Por ejemplo, los restos de comida
se pueden transformar en abono para las plantas.

Pero ¿qué pasa con la botella de plástico?

¿Dónde van a parar los juguetes que ya no quieres?

¿Y la ropa que ya no utilizas?

¿Qué ocurre con todo lo que tiramos
al contenedor que no es de reciclaje?
¿Dónde va a parar toda esa basura?

Mucha de esta basura se la llevan a lugares apartados y se entierra. Esos lugares pueden estar a las afueras de las ciudades, pero a veces la trasladan a otros países. Si está lejos no la vemos y no nos molesta.

Hay basura que llega al mar.
¿Y qué pasa con sus habitantes?
A ellos sí que les molesta mucho nuestra basura.

Así que para que nosotros vivamos cómodos...

Otros viven muy incómodos y en peligro.

Para empezar, puedes decirles a los adultos que mandan en el mundo que deben hacer las cosas mejor.

Los adultos pueden votar y contribuir
a que cambien las cosas. Tú también podrás
votar cuando crezcas.

Pero hay cosas que sí puedes hacer, por ejemplo
reducir la cantidad de basura.
Una manera de hacerlo es comprando menos.

Si nos paramos a pensar qué necesitamos
y no compramos a lo loco, acumularemos menos
y tiraremos menos cosas a la basura.

Todo lo que compramos algún día se transformará
en basura. Incluso cuando compramos alimentos, porque
muchos están envueltos en plásticos que luego tiramos.

¡Reduce tu consumo!
Cuando desees mucho una cosa,
piensa si de verdad te hace falta.

Otra regla para salvar el planeta de nuestra basura es: **reutilizar**. Cuando ya no quieras algo, en lugar de tirarlo, pregunta a la gente que te rodea si lo necesita. Es una idea genial.

También es buena idea aprender
a arreglar las cosas que se rompen.

O transformarlas para seguir usándolas.

¿Y sabes qué ocurrirá?
¡Que habrá menos basura!

La última regla es: **reciclar**.
No te olvides de organizar la basura
en los cubos correspondientes. Hay que separar
el papel, el vidrio, los desechos orgánicos y los envases.

Tenemos una misión muy importante...
¡¡¡Cuidar el planeta!!!

Hay que respetar a todos los habitantes de la Tierra
porque no somos los únicos que vivimos aquí.

Y nuestros vecinos ya empiezan a estar un poco hartos de convivir con nuestra porquería.
¿Estáis preparados?